Pierre Ohlsen

# Verdächtig gute Lesespurgeschichten

## Differenzierte Leserätselgeschichten zur Förderung des sinnentnehmenden Lesens zum Thema Krimi

## Der Autor

Als Sohn eines Polizisten kam **Pierre Ohlsen** schon früh in Kontakt mit der Verbrechensbekämpfung. Er selbst hat noch keinen echten Fall gelöst, denkt sich aber gerne spannende Krimigeschichten für Kinder aus.

1. Auflage 2021


AAP Lehrerwelt GmbH
Veritaskai 3
21079 Hamburg
Telefon: +49 (0) 40325083-040
E-Mail: info@lehrerwelt.de
Geschäftsführung: Christian Glaser
USt-ID: DE 173 77 61 42
Register: AG Hamburg HRB/126335


| | |
|---|---|
| Autor: | Pierre Ohlsen |
| Covergestaltung: | TSA&B Werbeagentur GmbH, Hamburg |
| Illustrationen: | Christine Piper, Katharina Reichert-Scarborough (Drache, Lupe, Handy, Astronautin, Frosch, Bank, Detektiv, Eltern, Fußball, Rose, Jacke), Barbara Gerth (Herz, Unterhose), Mele Brink (Pommes), Bettina Weller (Außerirdische), Corinna Beurenmeister (Autokennzeichen, Handy-Nachricht, Mann), Denise Müller (Ei zerbrochen) |
| Satz: | Satzpunkt Ursula Ewert GmbH, Bayreuth |
| Druck und Bindung: | Korrekt Nyomdaipari Kft., Ungarn |

ISBN: 978-3-403-20888-4
www.persen.de

# Inhaltsverzeichnis

# Vorwort

Lesespurgeschichten sind eine gute Möglichkeit, die Lesemotivation der Kinder zu stärken. Spur für Spur ergibt sich ein spannender Fall, welcher am Ende jeder Lesespurgeschichte gelöst wird.
Dieser Band enthält einfache und anspruchsvolle Geschichten, sodass sie den passenden Text für das Lesevermögen ihrer Klasse finden können. Die Differenzierung in zwei Stufen bietet eine weitere Möglichkeit der Anpassung. Zudem sind die Geschichten in Schriftgröße, Zeilenlänge und Zeilenumbruch besonders lesefreundlich gestaltet.

## Hinweise für den Einsatz im Unterricht

Bei den Lesespurgeschichten folgen die Lesenden im Text versteckten Hinweisen auf die nächste Lesestation. Auf den Lesespurkarten, die den Geschichten immer vorangestellt sind, finden die Kinder an der richtigen Station die Nummer, die den nächsten Textabschnitt bestimmt.
So erfahren die Kinder nach und nach die Geschichte durch genaues Lesen und Nachverfolgen auf der Lesespurkarte. Natürlich gibt es auch Sackgassen, die erkannt werden müssen. Zur Kontrolle der Lösung folgt auf jede Lesespurgeschichte die Lösungskarte mit Lösungsspur. Diese kann zur Selbstkontrolle an die Schüler verteilt werden oder sie wird gemeinsam mit der Lehrkraft genutzt.
Die Lesespurgeschichten liegen hier zweifach differenziert vor, sodass Sie sie entsprechend den Lesefähigkeiten Ihrer Schüler einsetzen können. Die Geschichten für die schwächeren Leser sind mit gekennzeichnet, die Geschichten für die stärkeren Leser mit .

4 × 8 =
3 × 11 =
6 × 9 =
MATHE
DEUTSCH

## Der entflohene Drache

Du hast ein neues Spiel auf deinem Handy.
Es heißt *Drachenhüter.*
In dem Spiel muss man ein Drachenei pflegen.
Später schlüpft dann ein Drache aus dem Ei.
Gerade hat es zur großen Pause geklingelt.
Alle rennen aus der Klasse.
Du hast dein Handy im Klassenraum vergessen.
Du läufst schnell zurück. Suche es auf der Karte.

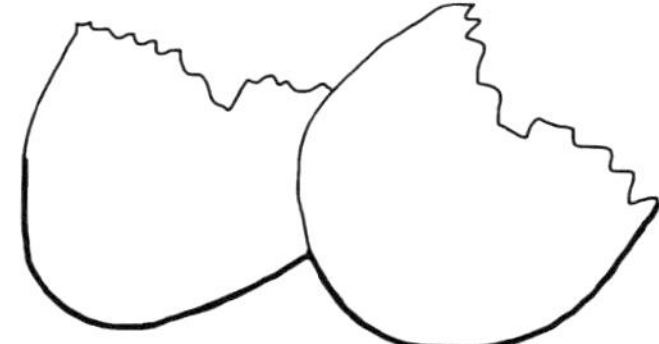

**Starte dann bei der passenden Nummer mit dem Lesen!**

(1) Du nimmst dein Handy.
O nein! Das Drachenei ist zerbrochen!
Auf dem Bildschirm steht: „ENTFLOHEN!"
Dein Drache ist aus dem Handy entkommen?
Wie soll das denn gehen?
Da entdeckst du etwas.
Auf dem Boden sind Fußspuren
von einem Drachen!

(2) Diese Banane ist noch ganz.
Suche nach einem angebissenen Apfel.

(3) Das ist nicht dein Handy.
Das ist ein Laptop.
Er gehört deiner Lehrerin.
Suche das Handy.

(4) Die Biss-Spuren an diesem Apfel sind frisch!
Und was ist das dort drüben?
Das Schulbuch hat eine verbrannte Ecke!

(5) Dieser Rucksack ist lila und nicht grün.
Suche den grünen Rucksack.

(6) Dieser Blume fehlt die Blüte!
Der Drache hat sie abgebissen!
Und was ist das?
Ein Fenster steht offen.

(7) Du schaust in den Rucksack. Darin ist eine Flasche Wasser mit Sprudel. Sie wurde nicht richtig zugedreht.
Deshalb zischt es. Da fällt dir etwas anderes auf:
Der Drache hat an einer Blume geknabbert.

(8) Das sind die Spuren von einem Menschen.
Suche die von dem Drachen.

(9) Diese Mathebuch ist heile. Suche weiter.

(10) Diese Blume hat noch ihre Blüte.
Suche die Blume ohne Blüte!

(11) Die Ecke von diesem Buch ist schwarz.
Der Drache muss die Ecke verbrannt haben!
Da hörst du ein Zischen.
Es kommt aus dem grünen Rucksack!

(12) Das sind die Spuren von einem Drachen!
Aber wo ist er hin? Da siehst du einen Apfel.
Er wurde angebissen!

(13) Dieses Fenster ist zu. Suche das offene Fenster.

(14) Du schaust aus dem Fenster. In einem Baum sitzt ein kleines Tier. Du kannst es nicht richtig erkennen. Du holst dein Handy heraus. „EINFANGEN!“, steht auf dem Bildschirm. Du richtest das Handy auf das Tier. Das Handy blitzt einmal auf. Dann siehst du einen kleinen Drachen auf dem Bildschirm. Geschafft! Du hast ihn wieder eingefangen! Toll gemacht!

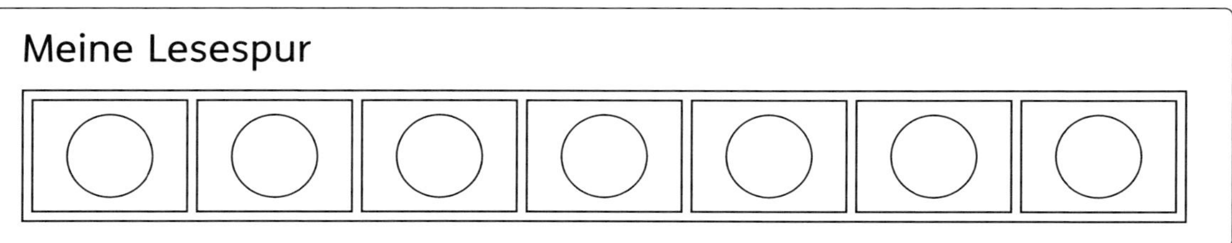

# Der entflohene Drache

Du hast ein neues Spiel auf deinem Handy.
Es heißt *Drachenhüter* und macht total Spaß!
In dem Spiel muss man ein Drachenei ausbrüten und pflegen.
Später schlüpft dann ein Drache aus dem Ei, mit dem man spielen und dem man Tricks beibringen kann.
Obwohl es verboten ist, hast du heute dein Handy mit in die Schule genommen, um deinen Freunden das Spiel zu zeigen. Gerade hat es zur großen Pause geklingelt.
Alle rennen aus der Klasse. Da fällt dir ein, dass du dein Handy im Klassenraum vergessen hast.
Du läufst schnell zurück, um es zu holen.

**Suche es auf der Karte und starte dann bei dieser Station mit dem Lesen.**

① Du nimmst dein Handy von deinem Tisch.
Doch was ist das? Das Drachenei ist zerbrochen!
Der Drache muss also geschlüpft sein! Aber wo ist er?
Du drückst im Spiel auf ein paar Knöpfe, doch du kannst ihn nicht finden. Plötzlich steht dort: „ENTFLOHEN!“
Dein Drache ist aus dem Handy entkommen?
Wie soll das denn gehen? Da fallen dir plötzlich Fußspuren auf dem Boden auf.

② Von dieser Banane hat niemand etwas abgebissen. Suche weiter.

③ Das ist nicht dein Handy, sondern der Laptop deiner Lehrerin. Suche weiter.

(4) Die Bissspuren an diesem Apfel sind noch frisch!
Der Drache hat echt spitze Zähne!
Und was ist das dort drüben? Mit diesem Schulbuch stimmt doch etwas nicht.

(5) Dieser Rucksack hat nicht die Farbe eines Drachen.
Finde den richtigen.

(6) Dieser Blume fehlt die Blüte! Der Drache muss sie abgebissen haben! Da fällt dir auf, dass ein Fenster offen ist.

(7) Du schaust vorsichtig in den Rucksack.
Doch darin ist kein kleiner Drache. Es ist nur eine Flasche Wasser mit Sprudel, die nicht richtig zugedreht wurde.
Deshalb zischt es. Da fällt dir auf, dass etwas mit einer Blume nicht stimmt.

(8) So sehen keine Drachenfüße aus. Das sind die Fußabdrücke eines Menschen. Suche weiter.

(9) Dieses Mathebuch ist völlig in Ordnung.
Das hat den Drachen wohl nicht interessiert.
Suche weiter.

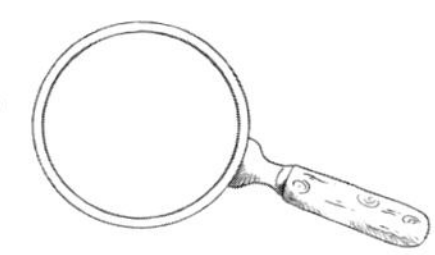

(10) Dieser Blume fehlt nichts. Suche weiter.

(11) Die Ecke von diesem Deutschbuch ist ganz schwarz.
Der Drache muss Feuer gespuckt und sie verbrannt haben!
Hoffentlich fackelt er nicht die ganze Schule ab!
Da hörst du plötzlich ein Zischen.
Es kommt aus dem Rucksack in Drachenfarbe!

(12) Das sind eindeutig die Spuren eines kleinen Drachen!
Er ist also tatsächlich aus deinem Handy entkommen!
Du musst ihn so schnell wie möglich finden.
Aha! Dort drüben hat der Drache etwas Obst angebissen!

(13) Dieses Fenster ist zu. Daraus kann der Drache nicht geflogen sein.

(14) Aus diesem Fenster muss der Drache geflogen sein!
Du schaust hinaus. Vor dem Fenster steht ein Baum und ganz oben sitzt etwas auf einem Ast zwischen den Blättern. Du kannst es nicht richtig erkennen, aber das muss der Drache sein!
Du holst schnell dein Handy heraus.
„EINFANGEN!“, steht jetzt darauf zu lesen.
Du richtest das Handy auf das Wesen im Baum und drückst den roten Knopf. Das Handy blitzt einmal auf.
Dann siehst du einen kleinen Drachen auf dem Bildschirm.
Geschafft! Du hast ihn wieder eingefangen!
Toll gemacht!

Meine Lesespur

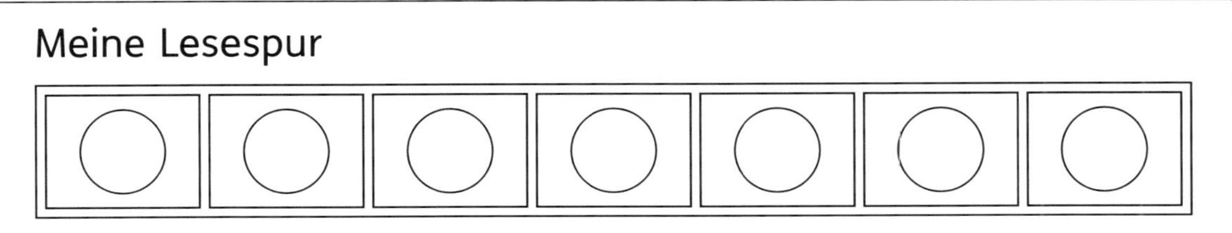

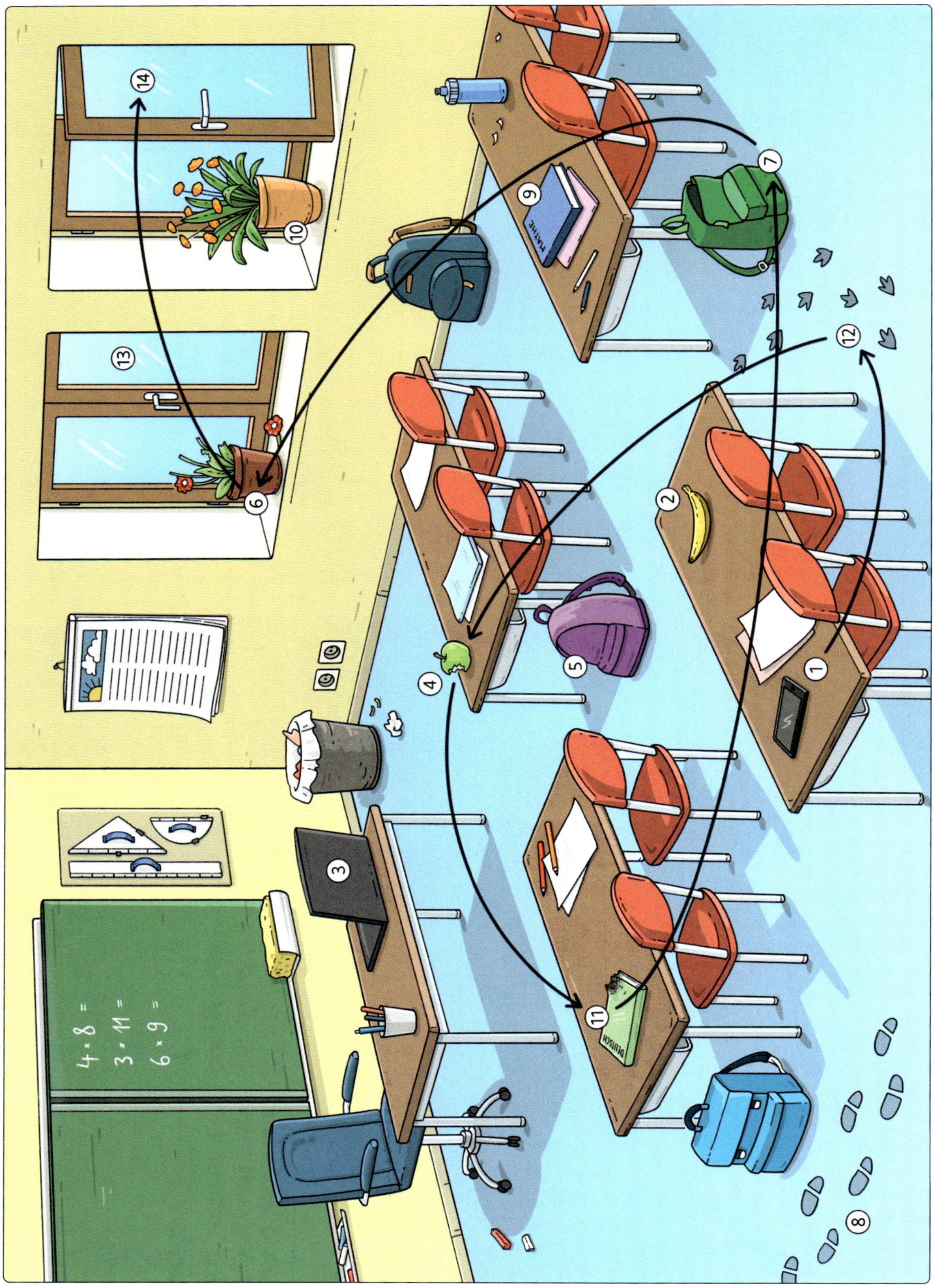

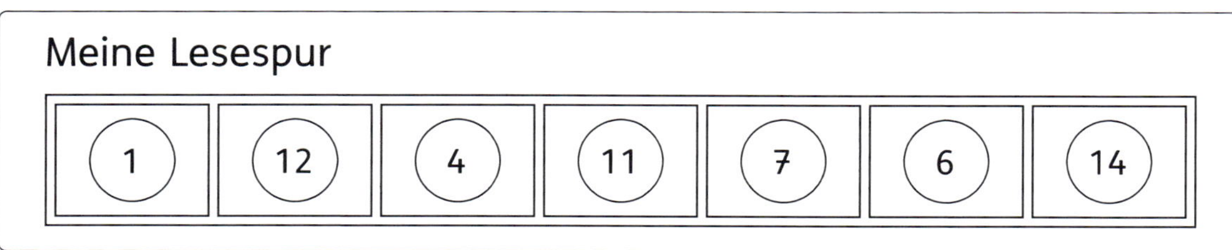
Meine Lesespur
1
12
4
11
7
6
14

ASTROBURGER
FLY-IN
POOP-IN
BAUSTELLE
TELEFON
TAXI
P
1
2
3
4
5
6
7
8
9
10
11
12
13
14

# Der Raumschiff-Diebstahl

Die Astronautin Schirin ist auf dem Mond gelandet.
Sie will Mittagspause machen. Sie sitzt bei Astroburger und isst Tofu-Nuggets mit Pommes.
Schirin schaut aus dem Fenster. Was ist das?
Ihr Raumschiff ist weg!
Schirin springt auf und rennt los.

**Wenn du ihr helfen willst, dann starte bei (1) mit dem Lesen.**

(1) Auf Schirins Parkplatz ist ... nichts!
Ihr Raumschiff ist wie vom Erdboden verschluckt!
Schirin geht zu dem roten Raumschiff neben ihrem Parkplatz.

(2) Das ist die Toilette. Suche das Schild, auf dem „Fly-in“ steht.

(3) Der Taxifahrer ist eine Raupe. Er hört im Auto laut Musik und hat die Augen zu. Der hat nichts gehört oder gesehen. Aber was ist mit dem Raumschiff ohne Dach?

(4) Hier bist du falsch. Welche Farbe soll das Raumschiff haben?

(5) Das ist nur ein Felsen. Finde den Müll-Container!

(6) Der Müll-Container ist in Wirklichkeit ein Roboter.
Schirin fragt ihn: „Hast du gesehen, wer mein Raumschiff gestohlen hat?“
Der Roboter macht „Beeep! Bubibabu-beep!“ und zeigt auf den Boden.
Diese Klapperkiste muss kaputt sein, denkt Schirin.
Sie geht weiter und kommt zu einer Baustelle.

(7) Dieses Raumschiff steht zu weit weg.
Suche das rote Raumschiff direkt neben Schirins Parkplatz.

(8) In dem roten Raumschiff sitzt ein Käfer.
Schirin fragt ihn: „Hast du gesehen,
wer mein Raumschiff gestohlen hat?"
Der Käfer zuckt mit den Flügeln.
Er weiß es nicht. Als Nächstes will Schirin es beim
„Fly-in-Schalter" versuchen.

(9) Das ist ein Raketen-Motorrad.
Finde das Raumschiff ohne Dach.

(10) Das ist das falsche Raumschiff.
Lies noch einmal genau nach.

(11) Im Cabrio-Raumschiff sitzt eine Alien-Frau
und schminkt sich.
Schirin fragt sie: „Mein Raumschiff ist weg.
Ist dir etwas Verdächtiges aufgefallen?"
„Leider nicht", sagt die Frau.
„Ich war die ganze Zeit beschäftigt."
Da bemerkt Schirin etwas:
Der Müll-Container hat sich bewegt!

(12) Am Schalter sitzt ein Frosch.
Schirin fragt ihn: „Hast du gesehen,
wer mit meinem Raumschiff weggeflogen ist?"
Der Frosch schüttelt den Kopf und macht: „Quaak!"
Schirin will nun den Taxifahrer befragen.

(13) Schirin schaut in das Loch bei der Baustelle.
In dem Loch sitzt ein Maulwurf.
Er trägt einen Raumanzug und gräbt.

Lies auf der nächsten Seite weiter!

Da fällt Schirin etwas ein. Sie nimmt sich eine Schaufel und rennt zurück zu ihrem Parkplatz.
Sie gräbt und ... tatsächlich! Da ist ihr Raumschiff!
Es war im Boden versunken.
Jetzt erkennt Schirin auch den Grund.
„Nur für Raumschiffe bis 2.000 Tonnen", steht auf einem Schild. Puh!, noch mal Glück gehabt.
Jetzt kann Schirin weiterfliegen und neue Abenteuer erleben.

(14) Hier bist du falsch. Das ist eine Telefonzelle und kein Roboter.

Meine Lesespur

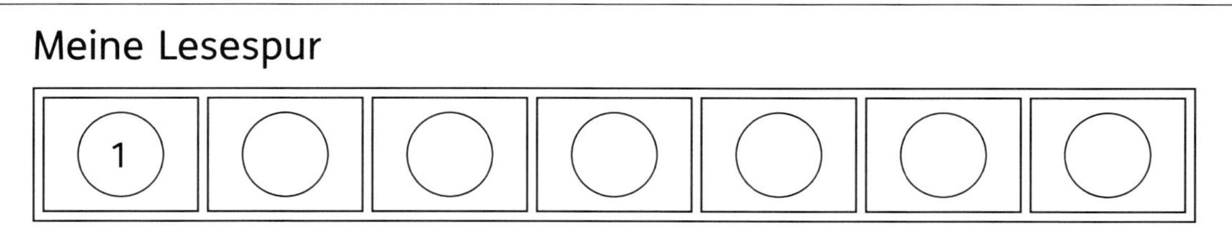

## Der Raumschiff-Diebstahl

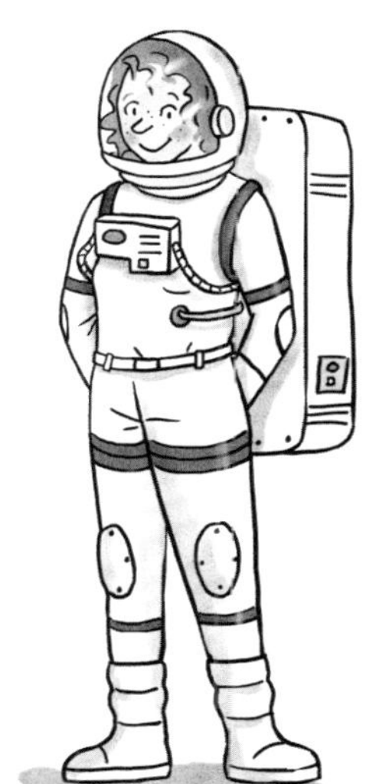

Die Astronautin Schirin ist auf dem Mond gelandet, um ihre Mittagspause zu machen. Dort gibt es ein Fast-Food-Restaurant namens „Astroburger“. Schirin sitzt auf ihrem Platz und isst gerade ihre Tofu-Nuggets mit Pommes. Doch was ist das? Als sie aus dem Fenster schaut, stellt sie fest, dass ihr Raumschiff gestohlen wurde!

**Suche den Parkplatz auf der Karte und starte dann bei dieser Station mit dem Lesen.**

(1) Schirin rennt sofort aus dem Restaurant zu ihrem Parkplatz. Ihr Raumschiff ist wie vom Erdboden verschluckt! Vielleicht hat ein anderer Astronaut etwas gesehen?
Schirin geht zu dem roten Raumschiff neben ihrem Parkplatz.

(2) „Poop-in“ ist die Toilette. Hier bist du falsch.
Suche weiter!

(3) Der Taxifahrer ist eine Raupe. Er hört im Auto laut Musik. Seine Augen sind geschlossen und er wippt mit dem Kopf hin und her. Der hat bestimmt nichts gehört und nichts gesehen, erkennt Schirin.
Aber was ist mit dem Cabrio dort drüben?

(4) Das ist nicht das richtige Raumschiff.
Lies noch einmal genau nach!

(5) Das ist nur ein Felsen. Nichts Besonderes.
Suche weiter!

(6) Der Müll-Container ist in Wirklichkeit ein Roboter.
An den Seiten hat er Arme, um den Müll einzusammeln, den Leute auf den Boden geworfen haben.
„Hast du gesehen, wer mein Raumschiff gestohlen hat?“, fragt Schirin den Roboter.
„Beeep! Bubibabu-beep! Beep! Bibabi-buup-buup!“, antwortet der Roboter und zeigt mit dem Finger auf den braunen Sandboden.
„Aber da ist doch gar nichts!“, sagt Schirin.
Dieser Roboter muss eine Fehlfunktion haben, ist sich Schirin sicher und geht weiter. Da kommt sie zu einer Baustelle.

(7) Dieses Raumschiff steht nicht neben Schirins Parkplatz. Lies noch einmal genau nach!

(8) Schirin wirft einen Blick in das Raumschiff.
Am Steuer sitzt ein großer Käfer mit einem Helm.
Er will gerade losfliegen. Schirin klopft ans Fenster.
Der Käfer lässt die Scheibe herunter und schaut sie fragend an.
„Mein Raumschiff wurde gestohlen!“, erklärt Schirin dem Käfer. „Hast du gesehen, wer das war?“ „Krz chirr“, sagt der Käfer und zuckt mit den Flügeln.
Das heißt wohl „Keine Ahnung“, erkennt Schirin.
Als Nächstes will sie es beim „Fly-in-Schalter“ versuchen.

(9) Falsch! Das ist ein Raketen-Motorrad.
Lies noch einmal genau nach!

(10) Das ist nicht das gesuchte Raumschiff.
Lies noch einmal genau nach!

(11) Der Fahrersitz des Cabrios ist leer.
Auf dem Beifahrersitz sitzt eine Alien-Frau.
Sie hat pinkfarbene Haare, hellblaues Fell und ist gerade dabei, sich im Rückspiegel zu schminken.
„Mein Raumschiff wurde gestohlen“, erklärt Schirin ihr.
„Ist dir vielleicht etwas Verdächtiges aufgefallen?“
„Tut mir leid, Kleine“, sagt die Alien-Frau.
„Aber ich war die ganze Zeit beschäftigt.“
„Schade!“, sagt Schirin.
Da fällt ihr auf, dass der Müll-Container sich bewegt hat!

(12) Hinter dem Fly-in-Schalter sitzt ein Frosch.
Er trägt die Uniform von Astroburger.
„Hast du zufällig gesehen, wer mit meinem Raumschiff weggeflogen ist?“, fragt Schirin ihn.
„Es stand gleich dort drüben.“
Der Frosch schüttelt den Kopf. „Quaaak!“

„Quark?“, antwortet Schirin. „Nein, es ist stimmt wirklich.
Jemand hat es gestohlen!“
„Quaaak! Quaaak!“, sagt der Frosch nur und kümmert sich um die nächste Bestellung.
Schirin beschließt, den Taxifahrer zu fragen.

(13) Schirin schaut in das Loch bei der Baustelle. In dem Loch sitzt ein Maulwurf in einem Raumanzug und gräbt. „Entschuldigung“, sagt Schirin, doch der Maulwurf hört sie nicht. Der hat bestimmt auch nichts bemerkt, überlegt Schirin. Doch da fällt ihr etwas ein. Neben dem Loch liegt eine Schaufel. Schirin nimmt sie. „Ich bringe sie gleich zurück!“, ruft sie und rennt zu ihrem Parkplatz. Dort fängt sie an zu graben. Und tatsächlich! Da ist das Dach ihres Raumschiffs. Es war vom Erdboden verschluckt! Schnell legt sie die Tür frei und klettert hinein. Als sie aus dem Loch fliegt, sieht sie auch das kleine Warnschild: „Nur für Raumschiffe bis 2.000 Tonnen Gewicht.“ Das habe ich glatt übersehen!, denkt Schirin. Kein Wunder, dass mein Schiff versunken ist. Danach fliegt sie los, bereit für ein neues Abenteuer!

(14) Tut mir leid, aber du hast keinen Telefon-Joker. Lies noch einmal genau nach und finde die richtige Station.

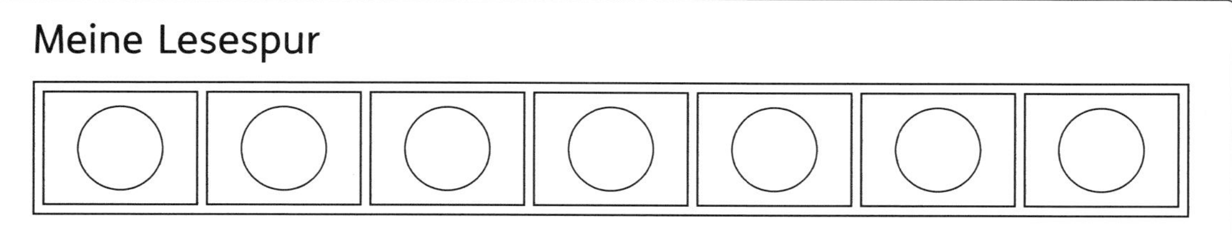

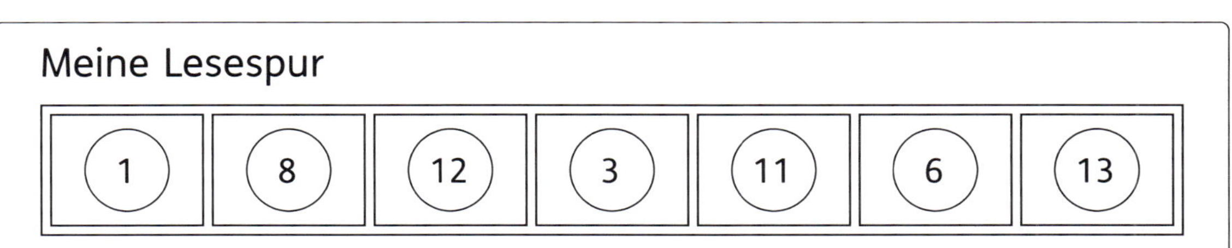
Meine Lesespur
1
8
12
3
11
6
13

PIET KASSO
1
2
3
4
5
6
7
8
9
10
11
12
13
14
15

# Der Bankräuber

Kommissar Oke Holms geht im Park spazieren.
Er will zu seiner Lieblingsbank, um dort
eine Pause zu machen.
Doch was ist das? Die Bank ist weg!
Hat sie jemand gestohlen?

**Finde es heraus und starte bei (1) mit dem Lesen!**

(1) Oke schaut sich um. Da sieht er einen Kinderwagen. Aber die Eltern sind weg. Sehr verdächtig! Er geht zu dem Kinderwagen.

(2) Die Familie beim Picknick hat leider auch nichts gesehen. Oke geht zu der Frau am Springbrunnen.

(3) Diese Frau ist keine Joggerin. Suche die Frau mit der Sportkleidung!

(4) Oke hält die Joggerin an. Leider hat sie auch nicht gesehen, wer die Bank gestohlen hat. Jetzt will Oke die Fußballspieler befragen.

(5) Das ist ein Maler, aber er hat keinen Lieferwagen. Suche weiter.

(6) Das ist ein kleines Auto, aber kein Kinderwagen. Suche weiter!

(7) Die Frau am Springbrunnen weiß auch nichts. „Wer sollte denn eine alte Holzbank klauen?“, fragt sie Oke. „Aber fragen sie doch mal den Mann mit dem Fernglas!“

(8) Oke schaut in den Kinderwagen. Darin liegt ein Baby. Es schläft. Da tauchen auch endlich die Eltern auf. Doch leider haben sie keinen Bankräuber gesehen. Als Nächstes will Oke die Joggerin befragen.

(9) Dieses Netz gehört nicht zum Fußball. Finde das Fußballtor.

(10) Falsch! Das ist ein Rasensprenger. Finde den Springbrunnen.

(11) Die Fußballer haben auch nichts gesehen. Als Nächstes will Oke die Picknicker befragen.

(12) Der Mann mit dem Fernglas beobachtet Vögel. Einen Bankräuber hat er nicht gesehen. „Fragen Sie doch den Maler mit dem Lieferwagen“, rät er Oke.

(13) Das ist ein Blumenbeet. Suche das Picknick.

(14) Das ist eine Statue. Finde den lebendigen Mann mit dem Fernglas.

(15) Oke klopft an die Fensterscheibe des Lieferwagens. „Bankräuber?“, sagt der Mann lachend. „Das bin dann wohl ich! Die Bank ist hinten im Laderaum. Ich nehme sie mit in meine Werkstatt, um sie neu zu streichen!“

Damit ist das Rätsel gelöst und Oke freut sich, dass seine Lieblingsbank bald wieder an ihrem Platz stehen wird.

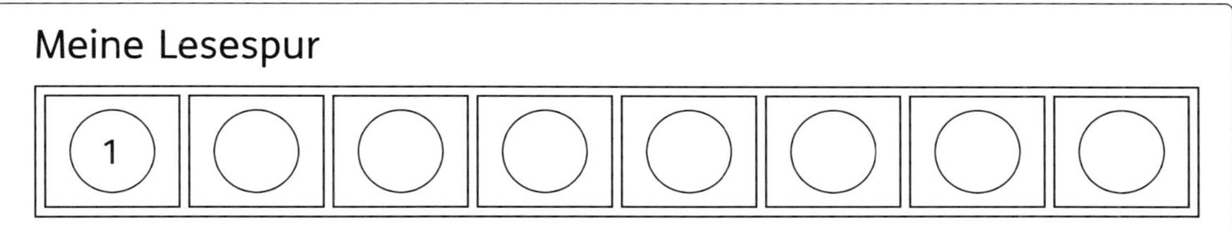

# Der Bankräuber

Es ist Sonntag. Kommissar Oke Holms hat frei.
Er will ein bisschen im Park spazieren gehen und
auf seiner Lieblingsbank Zeitung lesen.
Als er den Platz erreicht, traut er seinen Augen nicht.

Sie ist verschwunden! Nur noch der Mülleimer steht einsam
und verlassen daneben.

**Wenn du Oke Holms dabei helfen willst, den Bankräuber zu finden, dann starte bei (1) mit dem Lesen.**

(1) Oke schaut sich um. Da entdeckt er einen Kinderwagen.
Er steht einfach so auf dem Weg herum und von den
Eltern ist weit und breit nichts zu sehen. Sehr verdächtig!

(2) Die Familie beim Picknick hat leider auch nichts gesehen.
Zum Trost geben sie Oke aber etwas von ihrem Kuchen ab.
Frisch gestärkt setzt Oke seine Suche fort.
Dort am Springbrunnen sitzt eine junge Frau und liest.

(3) Diese alte Frau hat einen Rollator und joggt nicht.
Suche weiter!

(4) Oke hält die Joggerin an. Die Frau nimmt ihre Kopfhörer aus dem Ohr und schaut den Kommissar verdutzt an. Leider hat sie auch nicht gesehen, wer die Bank gestohlen hat. Vielleicht wissen die Fußballspieler dort hinten etwas, überlegt Oke.

(5) Das ist ein Maler, aber er hat keinen Lieferwagen.

(6) Das ist ein Bobbycar und kein Kinderwagen. Lies genau.

(7) Die junge Frau schaut von ihrem Buch auf. Als Oke sie nach dem Dieb fragt, lacht sie nur. „Dieb? Wer sollte denn eine alte Holzbank klauen? Da blätterte doch schon die Farbe ab! Vielleicht weiß der Typ mit dem Fernglas etwas. Der steht hier schon eine ganze Weile!“

(8) Oke wirft einen Blick in den Kinderwagen. Darin liegt ein Baby und schläft. Als er sich umdreht, tauchen die Eltern auf und rufen: „Hey, was machen Sie da? Weg von unserem Baby!“ Oke zeigt seinen Dienstausweis vor und erklärt ihnen die Lage.

Lies auf der nächsten Seite weiter!

Leider haben die beiden den Bankräuber nicht gesehen.
Als Nächstes will Oke die Joggerin befragen, die hier ihre Runden dreht.

(9) Falsch! Hier wird Volleyball gespielt.
Lies noch einmal genau nach!

(10) Falsch! Das ist ein Rasensprenger.
Lies noch einmal genau nach!

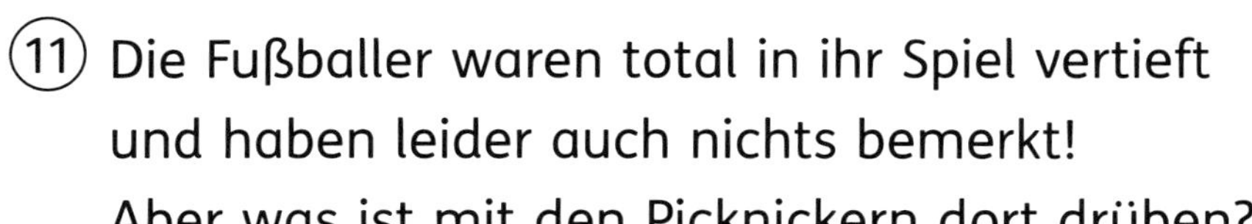

(11) Die Fußballer waren total in ihr Spiel vertieft und haben leider auch nichts bemerkt!
Aber was ist mit den Picknickern dort drüben?

(12) „Bankräuber? Tut mir leid, aber ich beobachte hier nur Vögel“, sagt der Mann. „Vielleicht weiß der Maler etwas? Der steht dort drüben mit seinem Lieferwagen.“

(13) Das ist ein Blumenbeet. Picknick machen hier nur die Bienen. Such weiter.

(14) Das ist eine Statue. Sie hat leider nichts zu sagen.
Suche weiter.

(15) Der Lieferwagen gehört zum Malereibetrieb „Piet Kasso“. Oke klopft an die Fensterscheibe.
Der Fahrer macht gerade Pause und isst ein Fischbrötchen.
„Bankräuber?“, sagt der Mann lachend.
„Das bin dann wohl ich! Die Bank ist im Laderaum.“
„Sie gestehen Ihr Verbrechen also?“, sagt Oke.
„Dann sind Sie hiermit verhaftet!“
„Verhaftet? So ein Quatsch!“, sagt der Mann.
„Die Bank muss neu gestrichen werden.

*Lies auf der nächsten Seite weiter!*

Deshalb nehme ich sie mit in unsere Werkstatt.
Danach bringen ich sie hierher zurück. Versprochen!“

Oke ist erleichtert. Seine geliebte Bank wird schon bald wieder an ihrem Platz sein. Dieser Spaziergang war ganz schön aufregend und überhaupt nicht entspannend.
Oke will zurück nach Hause und sich auf sein Sofa setzen. Hoffentlich ist das wenigstens noch da.

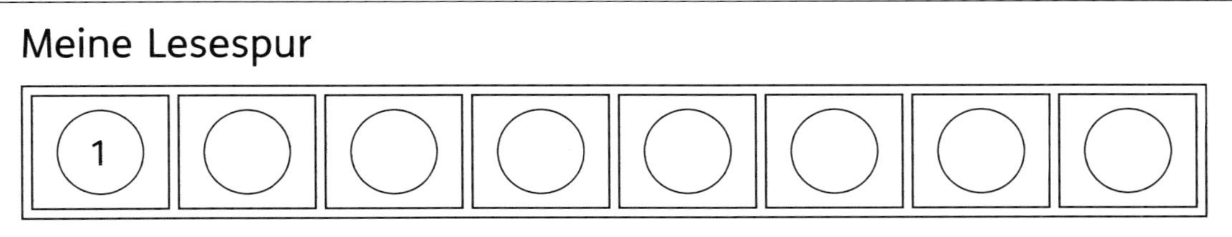

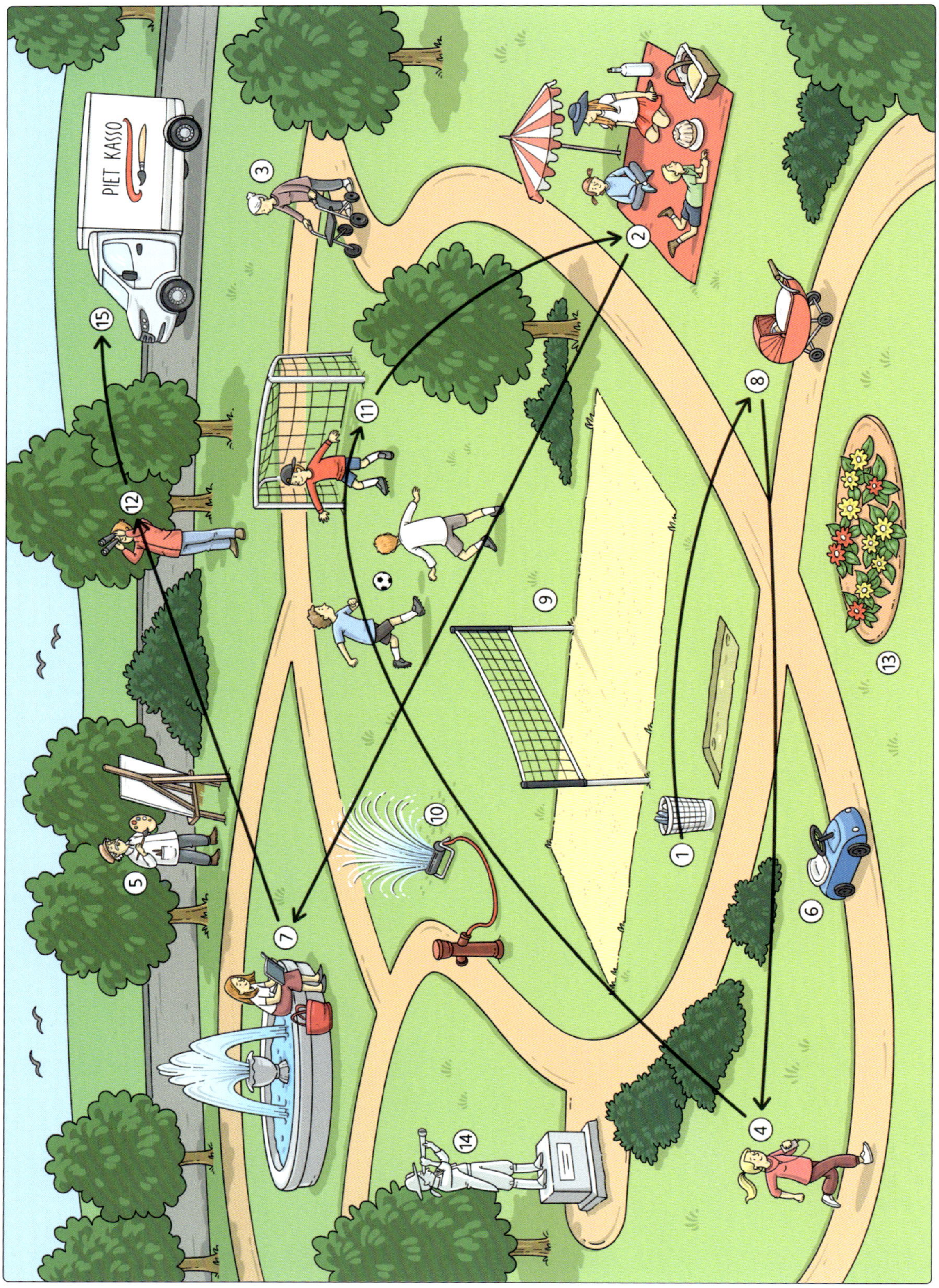

Meine Lesespur
1
8
4
11
2
7
12
15

UHREN + SCHMUCK
1
2
3
4
5
6
7
8
9
10
11
12
13
14
15

# Die Spürnase

Es ist ein sonniger Nachmittag. Polizeihund Woppel hat frei. Er läuft durch die Stadt. Da rennt ein Mann auf ihn zu. Es ist der Juwelier.
„Hilfe! Mein Geschäft wurde ausgeraubt!“, ruft er.

**Wenn du ihm helfen willst, dann starte bei (1) mit dem Lesen.**

(1) „Der Räuber trug eine schwarze Wollmaske!“, erklärt der Juwelier. Woppel reckt seine Nase in den Wind.
Er schnüffelt. Wolle ... von einem Tier!, erkennt er.

(2) Aus Katzenfell macht man keine Wolle.
Suche das Lamm!

(3) Minze ist der falsche Geschmack.
Suche das Zimt-Kaugummi.

(4) Ein paar Meter von den Rosen entfernt entdeckt Woppel eine Lücke im Gebüsch.
An dem Gebüsch hängen kleine Beeren.
Die kleben bestimmt auch an der Jacke des Diebs!
Woppel schnüffelt danach ...

(5) Das Auto fährt gerade los. Woppel kann es nicht aufhalten. Aber er ist ein schlauer Hund.
Woppel merkt sich das Kennzeichen.
So kann die Polizei den Dieb später schnappen.
Auf dem Kennzeichen steht: **EN DE 1**

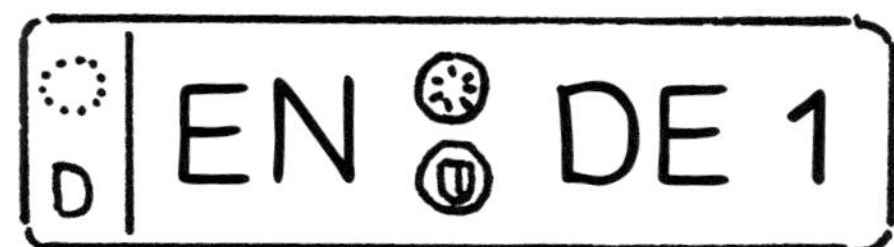


(6) Lammwolle! Aber dieser Mann mit dem Lamm trägt keine Maske.
Der Juwelier ruft Woppel hinterher:
„Außerdem hat der Räuber Zimt-Kaugummi gekaut!“
Woppel schnüffelt.
Wo riecht es nach Zimt?

(7) Das sind keine Rosen, sondern Sonnenblumen.
Suche weiter.

(8) Woppel folgt dem Brombeer-Geruch.
Hinter dem Gebüsch ist eine Straße.
Dort ist etwas, das ein Hund gemacht hat. Igitt!
Der Dieb ist genau reingetreten!

(9) Diese Pfütze hat kein Hund gemacht.
Es war der Regen. Suche weiter.

(10) Viel lieber als Brötchen frisst Woppel doch Würstchen.
Finde sie auf der Karte.

(11) Diese Bären sind nicht gemeint, sondern welche zum Essen. Schau noch einmal genau nach.

(12) Richtig, das ist Zimt! Danach kommt Woppel an einem Hot-Dog-Wagen vorbei. Er ist umgekippt. Der Räuber ist auf etwas getreten, das Hunde besonders gerne mögen!

(13) Der Geruch des Hundehaufens ist so stark, dass Woppel den Dieb nun ganz leicht finden kann. Er führt ihn direkt zu einem roten Auto.

(14) Dieses Auto ist nicht rot. Schau noch einmal genau nach.

(15) Richtig! Woppel liebt Würstchen. Die Spur führt ihn weiter in einen kleinen Park. Dort hat der Dieb ein paar Rosen zertrampelt.

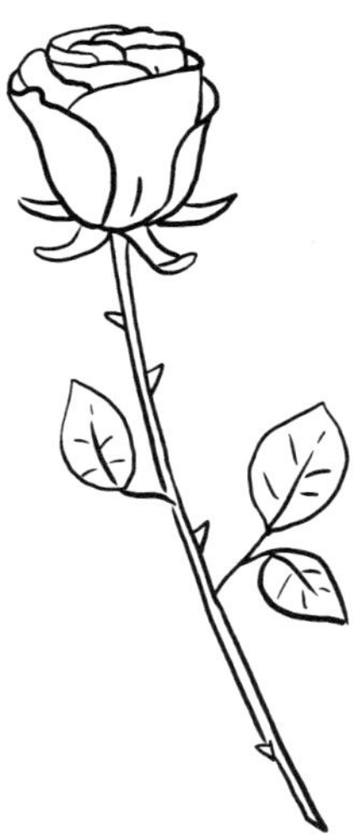

Meine Lesespur

| 1 | | | | | | | |
|---|---|---|---|---|---|---|---|

# Die Spürnase

Es ist ein sonniger Nachmittag. Polizeihund Woppel hat frei und schlendert gemütlich durch die Stadt.
Da rennt plötzlich ein Mann auf ihn zu. Es ist der Juwelier.
„Mein Geschäft wurde ausgeraubt!“, ruft er.
„Bitte hilf mir, Woppel!“

**Wenn du dem Juwelier helfen und den Räuber finden willst, dann beginne bei (1) mit dem Lesen.**

(1) Der Juwelier ist völlig aus der Puste. „Der Räuber hat meine Diamanten gestohlen“, keucht er. „Ich konnte ihn leider nicht erkennen, denn er trug eine schwarze Wollmaske.“ Woppel reckt die Nase in den Wind und schnüffelt. Wolle ... von welchem Tier die wohl stammt?

(2) Katzenwolle gibt es nicht. Suche nach dem richtigen Tier.

(3) Minze-Kaugummi? Das ist nicht sehr weihnachtlich. Danach hat der Dieb nicht gerochen. Suche den richtigen Geruch.

(4) Schade um die schönen Rosen, denkt Woppel und rennt weiter. Da sieht er eine Lücke in einem Gebüsch. Hier hat sich der Dieb hindurchgezwängt, erkennt er sofort. An dem Gebüsch hängen kleine Beeren.

Lies auf der nächsten Seite weiter!

Ein paar davon kleben jetzt bestimmt an der Jacke des Räubers.
Woppel streckt die Nase in den Wind und schnüffelt …
Welche Beeren sind es?

(5) Das Auto fährt gerade los. Woppel kann es leider nicht mehr aufhalten! Da er aber ein sehr schlauer Hund ist, weiß er, wie man den Dieb später trotzdem schnappen kann. Denn er merkt sich schnell das Kennzeichen des Autos: **EN DE 1**.

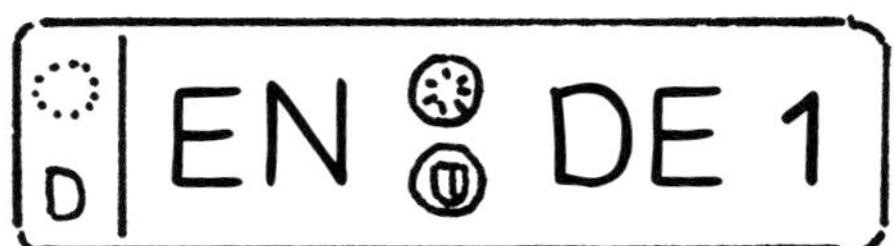


(6) Genau, es ist Lammwolle! Woppel rennt sofort los, aber dieser Mann trägt gar keine Maske.
Der Juwelier ruft ihm einen zweiten Tipp hinterher: „Außerdem hat der Räuber die ganze Zeit Kaugummi gekaut!“ Als Woppel um die nächste Ecke biegt, bemerkt er den Geruch. Das Kaugummi riecht nach einem weihnachtlichen Gewürz.

(7) Sonnenblumen haben keine Stacheln. Suche weiter.

(8) Die Flecken von den Brombeeren gehen nur schlecht wieder raus, weiß Woppel und folgt weiter dem Geruch.
Hinter dem Gebüsch ist wieder eine Straße.
Dort ist etwas, das ein anderer Hund gemacht hat – und der Dieb ist voll reingetreten! Iiieeeh!

(9) Diese Wasserpfütze stammt vom Regen und nicht von einem Hund. Suche weiter.

(10) Brötchen? Nein, da gibt es etwas, das Hunde viel lieber mögen. Schau noch einmal genau nach.

(11) Bären sind nicht gleich Beeren und sie wachsen auch nicht an Sträuchern. Suche weiter.

(12) Zimt! Richtig! Woppel folgt weiter den Gerüchen. Seine Nase ist einfach super. Da sieht er vor sich einen umgekippten Hot-Dog-Wagen.
Der Räuber muss dagegengelaufen sein.
Auf dem Boden liegen zermatschte ... O Mann! Schade, dass Woppel nicht anhalten kann, um ein paar von denen zu essen.

(13) Pech für den Dieb!, denkt Woppel. Dieser Geruch ist so stark, dass ich ihn überall finden werde.
Woppel folgt der superstarken Geruchsspur von Lammwolle, Zimt-Kaugummi, Würstchen, Rosen, Brombeeren und Hundemist. Sie führt ihn zu einem roten Auto.

(14) Das ist das falsche Auto! Woppels Nase ist zwar super, aber leider ist er farbenblind. Er hat das grüne Auto mit dem roten verwechselt. Suche weiter.

(15) Woppel liebt Würstchen! Wenn er diesen Fall gelöst hat, muss er unbedingt noch einmal zu dem Hot-Dog-Wagen zurückkehren! Aber nun hat er einen Geruch, der an dem Räuber haftet.
Der Geruch führt ihn in einen kleinen Park.
Am Eingang bemerkt Woppel zertrampelte Blumen.
Er macht einen großen Bogen um sie, denn sie haben Stacheln.

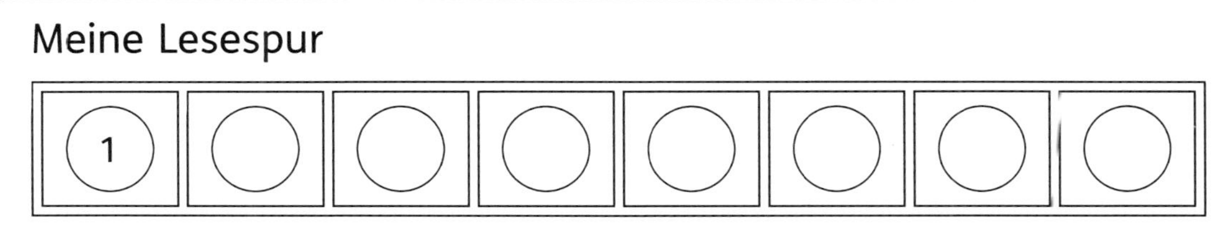

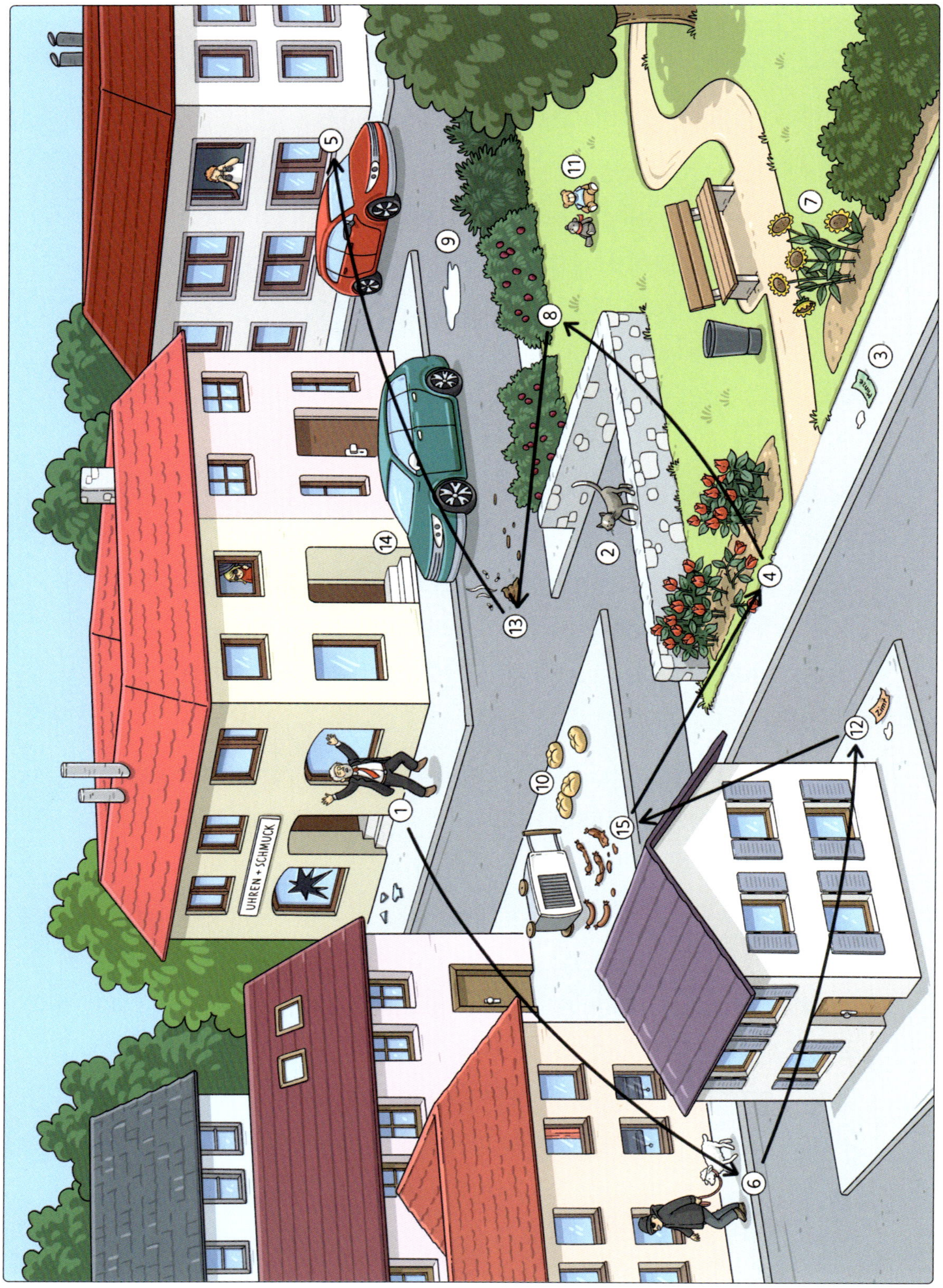

Meine Lesespur
1
6
12
15
4
8
13
5

1
2
3
4
5
6
7
8
9
10
11
12
13
14
15

## Der verschwundene Detektiv

Du hast eine komische Nachricht von deinem Nachbarn bekommen. Er heißt Oke Holms und ist Kommissar. Folgendes hat er dir geschrieben:
„Hlfe! Ihc habbe mch bein Wanderm im Wlad verlaufn!“

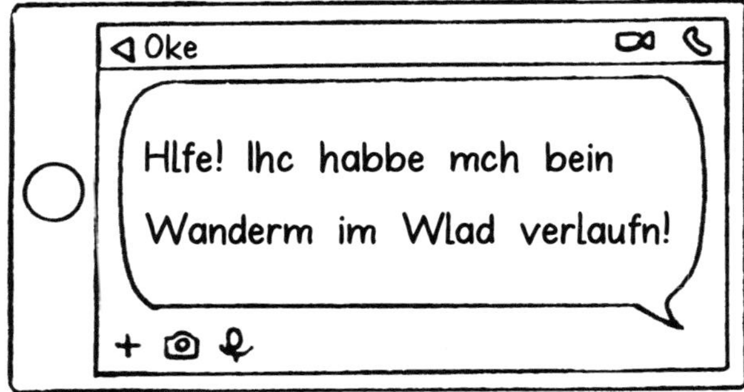


Was soll das bloß bedeuten?

**Wenn du es herausfinden willst, dann suche das Handy auf der Karte und starte dann bei dieser Station mit dem Lesen.**

(1) Bestimmt hat sich Oke vertippt. Du überlegst, wie die richtige Nachricht lauten könnte.
Du kommst auf: „Hilfe! Ich habe mich beim Wandern im Wald verlaufen!“
Sofort machst du dich auf den Weg zum Wald.

(2) Schokoriegel sind nun wirklich kein Obst.
Finde den Apfel.

(3) Am Teich enden die Fußspuren.
Auf dem Boden entdeckst du Okes Hose, Hemd und Socken.

(4) Mit diesem uralten Telefon kann man nur telefonieren und sonst nichts. Suche das Handy.

(5) Das ist ein Gebüsch. Suche den Weg zum Wald.

(6) Der abgekaute Apfel stammt sicher von Oke.
Ein paar Meter weiter findest du seine Fußspuren.

(7) Diese Spuren stammen von einem Hund.
Suche die Spuren von einem Menschen.

(8) Oke muss die Lupe verloren haben.
Du suchst nach weiteren Spuren. Da entdeckst du den Rest eines Apfels. Äpfel isst Oke doch am liebsten!

(9) Nein, eine Tasche hatte Oke nicht an.
Suche seine Klamotten.

(10) In dem Hochsitz findest du Oke.
Er hat nur seine Unterhose an und das Handy in der Hand.
„Was ist denn passiert?“, fragst du ihn.
„Ich weiß auch nicht!“, sagt Oke.
„Ich habe diese neue Wander-App auf meinem Handy.
Ich bin immer genau der Route gefolgt.
Leider habe ich keine Ahnung, wo ich hier bin.
Wie gut, dass du meine Nachricht bekommen hast!“
Zum Glück kennst du den Rückweg und bringst den Superkommissar sicher nach Hause.

(11) Du folgst den Fußspuren. Sie führen dich zu einem Teich.

(12) Du fährst mit dem Fahrrad in den Wald. Auf dem Boden entdeckst du etwas, das Detektive wie Oke immer dabeihaben. Er kann damit Dinge vergrößern.

(13) Oke ist bestimmt durch den Teich geschwommen.
Du gehst um den Teich herum. Du siehst ein super Versteck: einen Turm aus Holz. Ob Oke da drinnen ist?

⑭ Das ist ein Indianerzelt. Schau noch einmal genau nach.

⑮ Das ist kein Teich, sondern ein Matschloch.
Suche den Teich.

Meine Lesespur

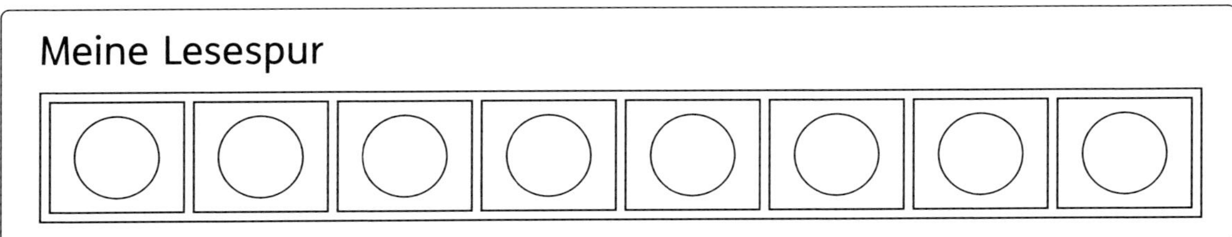

## Der verschwundene Detektiv

Als du von der Schule nach Hause kommst, erhältst du eine seltsame Nachricht auf deinem Handy.
Sie stammt von deinem Nachbarn, Kommissar Oke Holms:
„Hlfe! Ihc habbe mch bein Wanderm im Wlad verlaufn!“

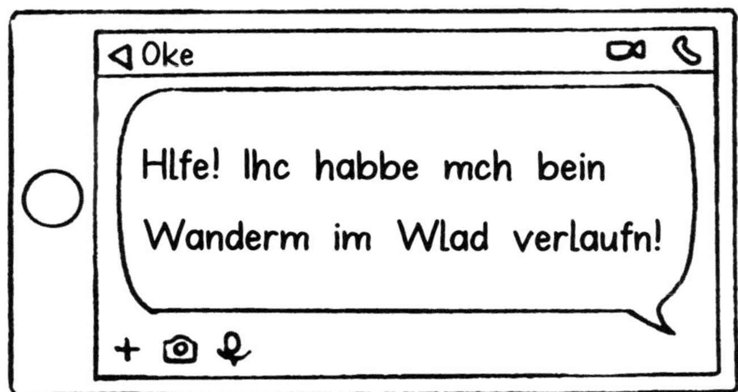


**Was soll das bloß bedeuten? Wenn du es herausfinden willst, dann suche das Handy auf der Karte und starte dann bei dieser Station mit dem Lesen.**

(1) Bestimmt hat sich Oke auf dem Handy vertippt. Du überlegst etwas und findest heraus, was er eigentlich schreiben wollte:
„Hilfe! Ich habe mich beim Wandern im Wald verlaufen!“
Du machst dich sofort auf den Weg zum Waldweg.

(2) Gegen Schokoriegel ist Oke allergisch. Suche weiter.

(3) Die Fußspuren enden am Teich. Wie seltsam!
Du schaust dich um. Auf dem Boden entdeckst du etwas.
O Mann! Oke ist jetzt bestimmt kalt, denkst du.

(4) So sahen Telefone früher mal aus.
Doch Nachrichten kann man darauf nicht empfangen.
Suche das moderne Telefon.

(5) Das ist bloß ein Gebüsch und kein Weg zum Wald. Hier bist du falsch.

(6) Oke liebt Äpfel. Du schaust dir die Zahnabdrücke an. Das war eindeutig Oke mit seinen riesigen Hasenzähnen, erkennst du. Ein paar Meter weiter siehst du Fußspuren: Größe 47. Die gehören zu Oke.

(7) Leider falsch! So komische Füße hat Oke nicht. Das sind die Pfotenabdrücke eines Hundes.

(8) Die Lupe muss Oke aus der Tasche gefallen sein. Du suchst nach weiteren Spuren des Detektivs. Da entdeckst du sein Lieblingsobst.

(9) Nein, Oke kann sich sicher bessere Klamotten leisten als einen alten Jutesack. Suche weiter.

(10) Du kletterst den Hochsitz hinauf. Tatsächlich! Dort sitzt Oke in Unterhosen und mit dem Handy in der Hand!
„Was ist denn passiert?", fragst du ihn.
„Ich weiß auch nicht! habe diese neue Wander-App auf meinem Handy und bin immer genau der Route gefolgt", sagt Oke. „Wie gut, dass du meine Nachricht bekommen hast! Ich habe keine Ahnung, wo ich hier gelandet bin!"
Du gibst Oke seine Sachen, damit er sich anziehen kann. Oke und Technik ... Zum Glück kennst du den Rückweg und bringst den Superkommissar sicher nach Hause.

(11) Du folgst den Fußspuren. Sie führen dich zu einem kleinen Gewässer.

(12) Der Wald ist nicht weit entfernt und du radelst mit deinem Fahrrad dorthin. Als du es am Waldrand abstellst, entdeckst du etwas auf dem Boden.
Dieser Gegenstand gehört ganz sicher dem Detektiv Oke, erkennst du und hebst ihn auf.

(13) Oke ist bestimmt durch den Teich geschwommen.
Nur, warum? Du gehst um den Teich herum. Da entdeckst du den Hochsitz eines Jägers. Ob Oke dort oben ist?

(14) Das ist ein Indianerzelt und kein Hochsitz.
Hier ist Oke nicht. Suche weiter.

(15) Das ist nur ein Matschloch und kein Gewässer.
Suche weiter.

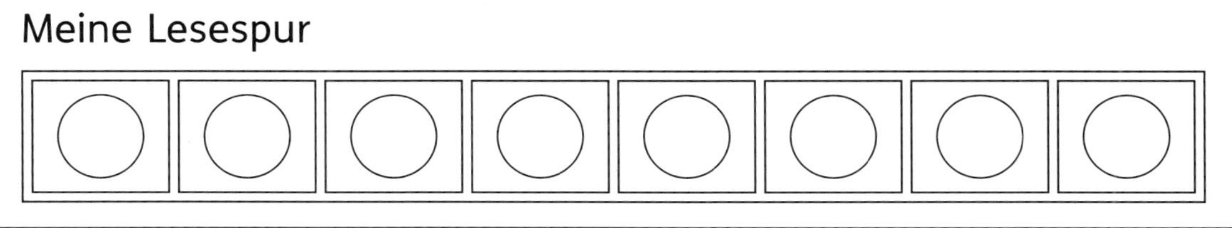

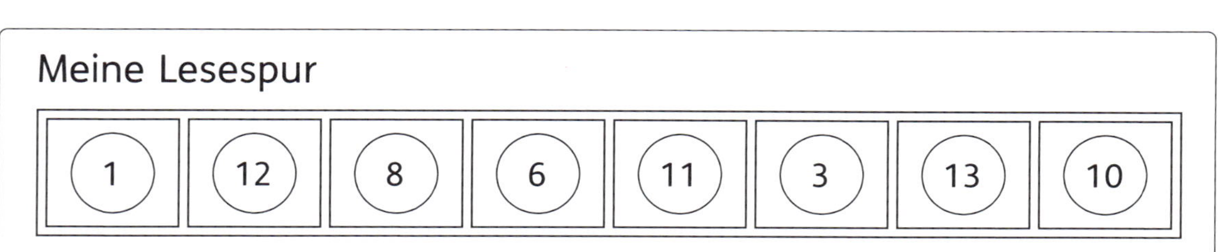
Meine Lesespur
1
12
8
6
11
3
13
10